BEI GRIN MACHT SICH IHR WISSEN BEZAHLT

AF140729

- Wir veröffentlichen Ihre Hausarbeit,
  Bachelor- und Masterarbeit

- Ihr eigenes eBook und Buch -
  weltweit in allen wichtigen Shops

- Verdienen Sie an jedem Verkauf

Jetzt bei www.GRIN.com hochladen
und kostenlos publizieren

Bibliografische Information der Deutschen Nationalbibliothek:

Die Deutsche Bibliothek verzeichnet diese Publikation in der Deutschen National-
bibliografie; detaillierte bibliografische Daten sind im Internet über http://dnb.d-
nb.de/ abrufbar.

Impressum:

Copyright © 2016 GRIN Verlag, Open Publishing GmbH
Druck und Bindung: Books on Demand GmbH, Norderstedt Germany
ISBN: 9783668338616

Dieses Buch bei GRIN:

http://www.grin.com/de/e-book/343689/probleme-der-bankkredite-bei-der-mittel-
standfinanzierung

Henric Gallow

Probleme der Bankkredite bei der Mittelstandfinanzierung

GRIN Verlag

GRIN - Your knowledge has value

Der GRIN Verlag publiziert seit 1998 wissenschaftliche Arbeiten von Studenten, Hochschullehrern und anderen Akademikern als eBook und gedrucktes Buch. Die Verlagswebsite www.grin.com ist die ideale Plattform zur Veröffentlichung von Hausarbeiten, Abschlussarbeiten, wissenschaftlichen Aufsätzen, Dissertationen und Fachbüchern.

Besuchen Sie uns im Internet:

http://www.grin.com/

http://www.facebook.com/grincom

http://www.twitter.com/grin_com

Hochschule für Technik, Wirtschaft und Kultur Leipzig

Fakultät Wirtschaftswissenschaften

Wahlpflichtmodul „Bank- und Finanzmanagement I"

Hausarbeit im WS (2015/2016)

Nr. 11: Probleme bei Bankkrediten für die Mittelstandsfinanzierung

Probleme bei Bankkrediten für die Mittelstandsfinanzierung

Inhaltsverzeichnis

Abkürzungsverzeichnis

a.a.O. :   am angegebenen Ort

Abb.:   Abbildung

EZB :   Europäische Zentral Bank

KUM :   Klein und Größe Unternehmen

HSBC :   Hongkong & Shanghai Banking Corporation

S. :   Seite

Vgl. :   Vergleichen

Nr.   Nummer

1. Einleitung

Der Mittelstand hat eine überragende Bedeutung für die deutsche Wirtschaft, denn er ist der Motor der wirtschaftlichen Entwicklung und Antrieb für Innovation.

Über drei Millionen kleine und mittlere Unternehmen, das heißt mehr als 90 % aller Betriebe in Deutschland, beschäftigen 70 % aller Eingestellten und bilden über 80 % der Lehrlinge aus.[1]

Bereits jetzt ist zu sehen, dass Unternehmen mit unzureichender Bonität und schwachem Eigenkapital, vor allem kleine und mittelständische Unternehmen, erschwerten Zugang zu Bankkrediten haben, insbesondere auf Grund der durch die Einführung von Basel III zunehmenden Regelung und Restriktionen. Die Vergabe eines Kredites wird dadurch für sie entweder mit hohen Kosten verbunden oder ganz unmöglich.

Für mittelständische Unternehmen mit einer starken Bonität und höherem Eigenkapital sieht es jedoch anders aus, denn für sie ist die aktuelle Situation auf Grund der Kapitalpolitik der EZB sehr vorteilhaft. [2]

Ziel der vorliegenden Hausarbeit ist es, einen Überblick über verschiedene Faktoren zu geben, die momentan eine Hürde sowohl für die Vergabe von Krediten seitens der Banken als auch für den Mittelstand, der die Finanzmittel braucht, sind. Unter diesen Faktoren, die gegenwärtig zu beobachten sind, spielen Informationsprobleme aus Sicht der Banken eine wichtige Rolle. Ein weiteres Problem aus der Sicht der Banken stellt Abschwung der Zinsen dar, der das Geschäft der Banken beeinträchtigt.

Als wichtiger Punkt ist auch die Senkung der Investitionsimpulses des Mittelstandes und als Folge die schrumpfende Kreditnachfrage hervorzuheben.

Was für die allgemeine Konjunktur als positiv betrachtet werden kann, nämlich das Wachstum und die gute Geschäftslage des Mittelstandes, werde ich im Zusammenhang mit

---

[1] Vgl. Hanker Peter: Kredit für den Mittelstand, Frankfurt am Main 2007, S. 6

[2] Vgl. Frank Schaum: Wandel der Finanzierungsmuster im Mittelstand, in: die Bank 2/2015, S. 6–9

dem Zuwachs der Eigenkapitalreserven und dem daraus resultierenden Verzicht auf Fremdfinanzierung als Problem in Hinblick auf die Bankkredite darstellen. Zudem wird kurz auf die Wirkung von Basel II bzw. Rating für den Mittelstand eingegangen und anschließend die Ziele und Auswirkungen von Basel III in der aktuellen Problematik der Bankkredite bei der Mittelstandsfinanzierung dargestellt.

Zum Schluss werde ich den Konkurrenzdruck zwischen den Bankinstituten in Deutschland und die neuen Finanzierungsmöglichkeiten am Kapitalmarkt erläutern.

2. Interne Faktoren der Problematik der Bankkredite

2.1 Informationsprobleme.

Eine große Herausforderung und zum Teil eine Barriere bei der Vergabe von Bankkrediten ist der Mangel an Informationen, die in Hinblick auf die Prüfung der Kreditwürdigkeit notwendig sind, der oft zusätzliche Kosten für die Bankinstitute mit sich bringt.

Je kleiner ein Unternehmen ist - was sich vor allem bei Gründern und innovativen Unternehmen ausprägt - umso spürbarer sind die Informationsprobleme.

Die Informationsbasis gestaltet sich in vier strukturellen Gründen mangelhaft:[3]

- Mittelständische Unternehmen, die relativ neu sind, haben keine ausreichenden Daten aus der Vergangenheit und häufig unzureichende Bilanzen.
- KUM entwickeln meistens neue Produkte oder neue Märkte. Dies macht es für die Banken schwierig einzuschätzen, wie erfolgreich diese Unternehmen sein werden.
- Man kann die Unternehmen nicht zeitnah durch den Markt bewerten, denn im Gegensatz zur börsennotierten Aktiengesellschaften haben sie keinen Markt für Eigenkapital.
- Die Informationsasymmetrie ist für die Banken ein relevantes Problem. Denn die Unsicherheiten über Fähigkeiten und Eigenschaften des Unternehmens, die nicht überprüfbaren Aktivitäten und Ressourceneinsätze, sowie die Ungewissheit der

---

[3] Vgl. Evers Jan: Kredite für Kleinunternehmen, Frankfurt am Main 2002 , S. 37, 40

Absichten bezüglich der Ausnutzung von Vertragslücken und Investitionen sind wichtige Faktoren für die Bankpraxis. [4]

2.2 Verschärfte Regelungen und Misstrauen der Banken

Auf Grund eines oft nicht passenden Verhältnisses zwischen Aufwand und Ertrag geben Banken nur schwer ein Darlehen. Seit der Finanzkrise sind Banken viel vorsichtiger geworden, wenn sie einen Kredit vergeben wollen. Um zukünftige Rückzahlungsfälligkeiten zu verhindern haben sie ihre Kreditvergabestandards verschärft. Durch diese verschärfte Bankregulierung wird grundsätzlich das Ziel verfolgt, durch aufsichtsrechtliche Vorschriften und Maßnahmen das Entstehen einer Situation zu vermeiden, in der die Sicherheit und Stabilität der Banken gefährdet wird.

Für den Mittelstand hat sich die Lage für die Beantragung eines Kredits sehr verändert. Was vorher auf Zuruf erfüllt werden konnte, ist heutzutage durch die zunehmende Forderung nach Dokumentation deutlich schwieriger geworden.

Für die Beantragung eines Kredites bei kleinen oder mittelständischen Unternehmen muss der bestehende Bedarf an Geld ausreichend begründet und ausgewiesen, sowie ein exakte Geschäftsplan vorgelegt werden.

Das allein behindert schon zum großen Teil kleinere mittelständische Betriebe, die meist ihre Geschäftsstrategien nicht so detailliert definieren und öffentlich darlegen können. Außerdem ist der Mittelstand auf Grund seiner organisatorischen Eigenschaften häufig weniger transparent als Großunternehmen.

Zudem zeigt es sich deutlich, dass neben den Mittelständlern mit bis zu 50 Mio. Euro Umsatz auch Jungunternehmen Schwierigkeiten haben, einen Kredit von der Bank zu bekommen. Je kleiner das Unternehmen, desto schlechter ist das Finanzierungsklima.

Unter die wichtigsten Ursachen, die für Erschwernisse bei der Kreditaufnahme verantwortlich sind, sind folgende zu benennen: das Verlangen nach mehr Sicherheit, erweiterte Dokumentationspflicht, Anforderungen an die Offenlegung, Anforderung an die Eigenkapitalquote, lange Entscheidungszeit, Bearbeitungsdauer und höhere Zinsen.

Junge mittelständische Unternehmen können im Vergleich zu großen Konzernen nicht die gleichen Sicherheiten anbieten. Ihre Zukunft ist ungewiss und die Gefahr von Verlusten wollen Banken vermeiden, indem sie von vornherein möglichst kein Risiko eingehen. Die Anforderungen an Dokumentation, Offenlegung und Eigenkapitalquote wurden so streng verschärft, dass oftmals innovative Ideen und gute Pläne für die Kreditwürdigkeit nicht ausreichen. [5] (Siehe Anhang, Abb. 1)

2.3. Wenig Kreditwürdigkeit und die fehlende Sicherheit der Mittelstand

Als wichtiger und grundlegender Punkt für die Bankkreditzugangsprobleme und die hohen Kosten wird die Art der Kreditwürdigkeitsprüfung angesehen:

Üblicherweise fehlen in kleinen mittelständischen Unternehmen die Informationen, auf deren Fundament die Kreditwürdigkeit überprüft werden kann. Vor allem die Ertragskraftprüfung richtet sich auf Informationen und Daten der Vergangenheit, über die in der Regel die neuen und kleinen mittelständischen Unternehmen nicht verfügen bzw. die sie nicht ausreichend und ordnungsgemäß dokumentiert haben. [6]

Die von Banken geforderte Eigenkapitalquote wird für sie häufig zum Problem, vor allem dann, wenn die traditionellen Sicherheiten wie Immobilien nicht vorgewiesen werden können. Ein denkbarer Ausgleich für fehlende Sicherheiten sind staatliche Bürgschaftsprogramme, das Problem dabei besteht aber darin, dass diese Bürgschaftsgemeinschaften den Banken ähnliche Transaktionsprobleme wie die Kredite bereiten. [7]

---

[5] Vgl. Internet-Recherche vom 15.10.2015, https://www.lendico.de/blog/probleme-bei-der-finanzierung-des-mittelstands/

[6] Vgl. Evers Jan: a.a.O., S. 149

[7] Vgl. Evers Jan: a.a.O., S.65

3. Der Mittelstand: Vorgehensweise in der aktuellen Wirtschaftslage

3.1. geringe Investitionsbereitschaft und schwache Nachfrage

Obwohl heutzutage immer mehr Unternehmen zu langfristigen Entscheidungen und Risiken bereit sind, ist die Bereitschaft zum Investieren gesunken. (siehe Abb. 2)

Laut der Studie, die 2015 durch die Sparkassen und Giroverbände an Hand der Auswertung von Bilanzdaten mittelständischer Unternehmen und Expertenbefragungen durchgeführt wurde, wird von den Kundenberatern der Sparkassen behauptet, dass nur noch knapp 16 Prozent ihrer Kunden nach Investitionsmitteln nachfragen.

Fast 46 % der mittelständischen Kundschaft riefen weniger finanzielle Mittel für Investitionen ab als im Jahr 2014. Mehr als die Hälfte der mittelständischen Unternehmen werden ihr Geld in den Ersatz von veralteten Maschinen und Anlagen investieren. Um zu expandieren investieren knapp 20% der Unternehmen. Seit 2010 ist dieser Wert der Niedrigste. [8]

37 % der Befragten sehen als Gründe für die Zurückhaltung die geopolitischen Krisen und die Unsicherheit über die wirtschaftliche Entwicklung der Euro-Zone. [9]

3.2 Starke Eigenkapitalquote des Mittelstandes als Hürde für die Banken

Der Mittelstand befindet sich in einer sehr guten finanziellen Situation; und obwohl eine gute Eigenkapitalquote der Unternehmen ein positiver Aspekte für die Bankinstitute sein sollte, denn dadurch reduziert sich das Risiko von Verlust, hat sie sich auch als ein negativer Faktor gezeigt.

Denn dadurch, dass die Innenfinanzierung vieler Unternehmen sich bedeutend verbessert hat und dass kleinere Investitionen aus dem Cashflow finanziert wird, brauchen sie sich dementsprechend nicht bei den Banken zu verschulden, sondern sie nutzen ihre eigenes Kapital als Finanzierungsmethode oder bauen sie große Kapitalreserven. [10]

---

[8] Vgl. Internet-Recherche vom 22.10.2015, http://www.handwerk-magazin.de/diagnose-mittelstand-viel-eigenkapital-wenig-investitionen/150/3/266166

[9] Vgl. o.A., Mittelstand, Rundschau für dem Lebensmittelhandeln 2/ 01.02.2015 S.12

[10] Vgl. Internet-Recherche vom 04.11.2015, https://www.wiso-net.de/document/VDIN__563560

Die Sparkasse hat diese Entwicklung durch eine Studie belegt; sie behauptet, der Mittelstand stehe finanziell hervorragend da, baue immer größerer Reserveanlagen auf und investiere weiterhin deutlich weniger als in den vergangenen Jahren. Die mittelständische Eigenkapitalquote lag im Jahr 2013 auf dem Rekordstand von 22,3% nach 19,7% im Jahr zuvor. Und so setzt sich die Tendenz bis jetzt fort. Damit hat sich die Widerstandskraft der Unternehmen gegenüber zukünftigen konjunkturellen Probleme und geopolitischen Schocks verstärkt.[11] (siehe Anhang, Abb. 3)

Im Jahr 2015 sieht man, wie sich die Eigenkapitalentwicklung des Mittelstands weiter positiv fortgesetzt hat. Wie im Jahr 2014 haben drei von zehn Unternehmen eine Eigenkapitalquote von über 30% erreicht.[12]

4. Externe Faktoren der Problematik der Bankkredite

4.1 Rating als Barriere für Mittelständler um an eine Kredit zu kommen

Damit Banken risikoorientierte Kredite vergeben können, muss zuerst das Risikograd eines Kreditnehmers bestimmt werden. Dafür nutzen Bankinstitute Ratingsysteme. Basel II hat als Bedingung für die Unternehmen, die bereits einen Bankkredit nutzen oder solche beantragen möchten, die Erstellung eines Rating als Pflicht für den Erfolg jeder Kreditvergabe gefordert. Für viele KUM bedeutet es noch eine weitere Hürde, die sie überwinden müssen, denn die Vergabe der Bankkredite wird nicht nur durch die Sicherheiten und Bürgschaften verhindert, sondern auch durch gewichtete Maßnahmen geschützt. Jedes Kreditinstitut besteht darauf, solche Ratings durchzuführen mit dem Ziel, möglichst objektive Bewertungen von Unternehmen zu erzielen und damit eine optimale Unterscheidung zwischen aussichtsreichen Unternehmen und in ihrer Existenz gefährdeten Unternehmen zu ermöglichen.[13]

Für die Bankinstitute ist das Rating eines Unternehmens ein guter Indikator für die Zuverlässigkeit einer Firma und setzt es deshalb vor der Kreditvergabe ein. Dieser Schritt

---

[11] Vgl. Internet-Recherche vom von 16.10.2015, http://www.dsgv.de/diagnosemittelstand/

[12] Vgl. Internet-Recherche vom, https://www.creditreform.de/nc/aktuelles/news-list/details/news-detail/wirtschaftslage-und-finanzierung-im-mittelstand-herbst-2015-2106.html

[13] Vgl. Haasis Heinrich, Fischer R. Thomas, Simmert B. Diethard: Mittelstand hat Zukunft., Wiesbaden2007, S. 301

verhindert zwar unter Umständen die Akquisition neuer Kunden, verringert aber das Risiko, dass die Kredite nicht zurückgezahlt werden. [14]

4.2 Niedrige Zinsen als Problematik der Bankkredite

Eine schwierige Problematik liegt auch in den aktuell niedrigen Bankzinsen. Für den Mittelstand ist diese Situation kurzfristig gesehen vorteilhaft, weil man nie zuvor so günstige Kredite bekommen konnte, langfristig gesehen könnte sie jedoch negative Konsequenzen und nachhaltigen Schaden mit sich bringen.

Für die Banken bedeutet die aktuelle Situation, dass ihr Kerngeschäft und hauptsächlicher Gewinn-Generator nicht mehr rentabel ist, was wiederum dazu führt, dass Banken nur an gezielte Kunde Bankkredite vergeben und dass in Folge dessen viele mittelständische Unternehmen von Bankfinanzierung ausgeschlossen bleiben.

Ursache ist die expansive und seit schon längerer Zeit lockerere Geldpolitik der EZB um das schwierige gesamtwirtschaftliche Umfeld im Euroraum zu bewältigen. Die EZB senkte den Leitzins fast kontinuierlich ab, damit der realwirtschaftliche Anpassungsprozess in einigen Ländern der Währungsunion und die daraus folgende krisenhafte Zuspitzungen im Euroraum stabilisiert werden sollten. Speziell für Deutschland bedeutete diese konventionelle Geldpolitik der Zentralbank, dass die langfristigen Zinsen einen Rückgang hatten. Das Problem für die deutschen Bankinstitute liegt darin, dass die Geldpolitik der EZB nicht auf einzelne wirtschaftliche Entwicklungen innerhalb des Euroraums reagieren kann, sondern auf die Gesamtheit der Entwicklung in der Eurozone abgezielt. Deutschland hat im Vergleich mit den andere Euroländer eine stabilen Konjunkturentwicklung, deswegen sind die Leitzinsen hier sehr niedrig.[15] (siehe Anhang, Abb. 4)

Wie sich die Situation momentan darstellt, scheint es sich nicht um eine vorübergehende Schwierigkeit zu handeln, sondern um eine Bedrohung für das Geschäftsmodell der regionalen Banken selbst. Von dieser Situation werden meistens Sparkassen und Volksbanken

---

[14] Vgl. Paul Stephan, Stein Stefan: Rating, Basel II und die Unternehmensfinanzierung., Köln 2002 , S.18

[15] Vgl. Internet-Recherche vom 23.10.2015, http://www.gdv.de/wp-content/uploads/2014/06/IW-Studie-Niedrigzinsen-2014.pdf

betroffen, denn sie hängen bis zu 80% von den Zinseinnahmen ab, die sie für Kredite und eigene Geldanlagen bekommen, ohne die Zinsen zu zählen, die Banken an ihre Kunden für die Spareinlagen zahlen müssen. [16]

4.3 Basel III

4.3.1 Ziele von Basel III

Die neuen Regeln haben als Ziel, die Eigenkapitalbasis und die Kapitalreserven aufzustocken und zugleich mögliche Risiken zu reduzieren bzw. die Banken zu fördern, damit sie eine bewusstere und umfangreichere Steuerung von Risiken ausführen können. [17]

Zudem zielt Basel III darauf ab, eine Fortführung aus Basel II voranzutreiben, während die Erhöhung der Eigenkapitalbasis ein Ergebnis der Erfahrungen aus der Finanzkrise und der staatlichen Rettungspakete ist. Um diese Ziele zu erreichen müssen die Haftungsmaßnahmen der Banken erhöht werden, das heißt Banken werden entweder mehr Eigenkapital benötigen oder bei diesem gleichen Eigenkapital die Anzahl der risikoreichen Engagements zurückfahren. Vier wichtige Maßnahmen sind hervorzuheben:

Aufstockung der Eigenkapitalanforderung von 8 % auf bis zu 13 % der risikogewichteten Aktiva, strengere Regelung für die Anrechenbarkeit von Bilanzposten, kräftigere Gewichtung des Eigenkapitals, Suche nach weiteren Geschäftsmodellen wie zum Beispiel Off-balance-sheet-Transaktionen für die Unterlegung mit Eigenkapital. [18]

4.3.2 Auswirkung von Basel III auf die heutige Problematik der Bankkredite

Die Finanzkrise, die vor mehr als 7 Jahre begonnen hat, wurde bis jetzt noch nicht vollständig überwunden und hat am Kapitalmarkt erhebliche Spuren hinterlassen. Diese Krise führte

---

[16] Vgl. Internet-Recherche vom 25.10.2015, http://www.faz.net/aktuell/finanzen/meine-finanzen/sparen-und-geld-anlegen/die-niedrigen-zinsen-bringen-sparkassen-in-bedraengnis-13402190.html

[17] Vgl. Müller Stefan; Brackschulze Kai, Mayer Friedrich M.D.: Finanzierung mittelständischer Unternehmen nach Basel III., München 20011, S. 1

[18] Vgl. Müller Stefan; Brackschulze Kai, Mayer Friedrich M.D.: a.a.O., S.10

dazu, dass regulatorische Maßnahmen wie etwa die im Jahr 2010 eingeführte Basel III getroffen wurden um die Situation zu stabilisieren und mögliche gravierende Schaden am Finanzmarkt zu verhindern. Diese neue Regelung führte auch zu Änderungen bei der Versorgung mittelständischer Unternehmen mit Krediten.

Sie sorgt zwar dafür, dass in Banken durch die Erhöhung ihres Eigenkapitals und die Verschärfung von Restriktionen bei Geschäfte mit höherem Risiko eine größere Stabilität herrscht, auch dafür, dass eine adäquate und regelmäßige Krediteinräumung für den Mittelstand zustande kommt, erhöht jedoch andrerseits den Anpassungsdruck auch auf Seiten der Kreditnehmer.[19]

Mit den Regelungen von Basel III befindet man sich in einem Konflikt. Auf der einen Seite verursachen sie zwar keine irreparablen Probleme, können jedoch das Wirtschaftswachstum dämpfen sowie die Funktionskapazität des Kapitalmarktes und somit die Versorgung des Mittelstandes mit Bankkrediten negativ beeinflussen.

Basel III greift massiv in die Fristentransformation ein. Eine langfristige Finanzierung über mehr als vier Jahre ist danach kaum noch möglich. Nach den neuen Regeln müssen Kredite mit gleich laufenden Finanzierungsinstrumenten bei den Banken refinanziert werden. Basel III zieht somit eine Lehre aus der Finanzkrise, als langfristige Kredite mit kurzfristig zu bedienenden Papieren hinterlegt wurden, was Banken in Schwierigkeiten brachte.

Eine gute Alternative zur Umsetzung der Regelung von Basel III, ohne dabei gravierende ökonomische Nachteile für die Realwirtschaft zu verursachen, wäre es, die Risikogewichte für Kredite an den Mittelstand zu reduzieren. Dadurch könnten die höheren Eigenkapitalquoten mehr oder weniger nivelliert werden, da das gesamte zu unterlegende Kapital aus der Addition von Kreditsumme, Risikogewicht und Eigenkapitalquote resultiert.[20]

---

[19] Vgl. Müller Stefan, Brackschulze Kai, M.D Mayer – Friedrich: a.a.O., S.17

[20] Vgl. Internet-Recherche vom 01.11.2015, http://www.n-tv.de/wirtschaft/Mittelstand-sorgt-sich-um-Kredite-article10481261.html

4.4. Konkurrenzdruck der Bankinstitute in Deutschland

Auf Grund des Konkurrenzdrucks müssten die Banken den Zinsbetrag stark reduzieren, damit sie wettbewerbsfähig bleiben können.

Langjährig waren vor allem Sparkassen, die Commerzbank und Genossenschaften die Banken, die sich auf den Mittelstand konzentriert haben. Mittlerweile hat sich jedoch die Konkurrenz deutlich erhöht. Die Deutsche Bank hat zum Beispiel im vergangenen Jahr angefangen einen intensiven Kampf um den Mittelstand zu führen. Aber auch die Landesbanken bemühen sich an dem Geschäft teilzuhaben.

Dazu wollen auch ausländischer Großbanken, die Niederlassungen in Deutschland haben, an der aktuell guten Situation der deutschen Industrie mitzuverdienen. Im Vordergrund stehen Banken wie die französische BNP Paribas und HSBC Trinkaus, die sich mit ambitionierten Plänen nach vorne entwickeln möchten.

Aber auch aus dem Bereich der Industrieunternehmen sind neue Konkurrenten entstanden, wie zum Beispiel der schwäbische Maschinenbauer Trumpf, der eine eigene Bank gegründet hat, mit dem Ziel eigene Kunde zu finanzieren. Diese neue Idee hat aber auch das Interesse von Unternehmen geweckt, die eine Lösung in der aktuellen Bankkredit Problematik finden wollen.[21]

5. KUM suchen neue Alternativen zur Finanzierung

Obwohl die Abhängigkeit des Mittelstandes von Bankkrediten noch sehr stark ist, suchen die Mittelständler auch neue Alternativen der Finanzierung bei öffentlichen und privaten Kapitalmärkte als zusätzliche Finanzquelle neben der traditionellen Bankfinanzierung.

Gründe dafür sind auf der einen Seite, dass die Banken die Bedingungen für die Kreditvergabe stark verschärft haben und dass die Unternehmen eine dünne

---

[21] Vgl. Internet-Recherche vom 01.11.2015, http://www.welt.de/wirtschaft/article135541254/Deutscher-Mittelstand-die-neue-Gefahr-fuer-Banken.html

Eigenkapitaldecke haben, andrerseits aber auch das schwindende Vertrauen der Unternehmen gegenüber den Banken.[22]

Zudem ist die Bankkreditvergabe sowohl mit einem hohen Aufwand als auch mit entsprechenden Bearbeitungskosten verbunden.

Deswegen suchen mittelständische Unternehmen immer mehr vereinfachte Methoden zur Geldbeschaffung mit weniger Stellung von Sicherheiten, größerer Freiheit bei der Verwendung der Mittel, freierer Verfügung über die Laufzeit des Finanzierungsvolumens, flexiblerer Dokumentation, geringerem Aufwand bei den Berichtspflichten und weniger Kosten.[23]

In den letzten Jahren ist ein neuer Trend im Mittelsand entstanden, nämlich dass mittelständische Unternehmen sich zunehmend untereinander Geld leihen und sich auf solche Weise sich gegenseitig finanzieren. Diese Finanzierung kommt zwischen Mutter- und Tochterunternehmen oder aus Lieferantenkrediten zustande.

Zudem ist Factoring eine sehr beliebte alternative Form der Mittelstandfinanzierung in Deutschland, die zunehmend an Akzeptanz gewinnt. Deutsches Factoring ist momentan eines der am schnellsten wachsende Produkt zur Finanzierung, das gilt aber nicht nur für die großen aktiengehandelten Konzerne, sondern auch unter mittelständischen Unternehmen hat sich der Anteil derer, die Factoring nutzen, seit 2005 verdoppelt und liegt heutzutage bei nahezu 20 %.[24]

Ein anderes interessantes Beispiel für neue Finanzierungsmethoden, die mittlerweile in Europa bzw. Deutschland Trend sind, sind die in den USA entwickelten Modelle Peer-to-Peer und Peer-to-Business. Finanzierungsplattformen wie ihr Kreditmarktplatz Crowdlending gewinnen in den deutschen mittelständischen Unternehmen immer mehr Attraktivität.[25]

---

[22] Vgl. Mangels, Bert: Alternativen zum Bankkredit, in: HK-Magazin - Wirtschaftsnachrichten der IHK Mittlerer Niederrhein 12/03.12.2012, S. 22

[23] Vgl. Internet-Recherche vom 28.10.2015, https://www.wirfinanzierer.de/mittelstand-und-kapitalmarkt/

[24] Vgl. Internet-Recherche vom 28.10.2015, https://www.svea.com/de/deu/News-Archiv/fokus-mittelstandsfinanzierung/

[25] Vgl. Internet-Recherche vom 02.10.2015, http://blog.gft.com/de/2014/08/27/finanzierung-der-zukunft-peer-to-peer-kredite-gewinnen-an-bedeutung/

6. Fazit

Trotz mehrerer Alternativen und immer größerer Neigung zur Finanzierung durch Maßnahmen am Kapitalmarkt wird laut Schätzungen der Sparkasse der Bankkredit noch viele Jahren das Kerninstrument der Fremdfinanzierung beim deutschen Mittelstand bleiben. [26]

Die neue Rahmenbedingungen durch die Einführung von Basel III und zukünftig Basel IV haben einen langfristigen strukturellen Wandel ausgelöst und werden dafür sorgen, dass in der näheren Zukunft der Prozentsatz von KUM, die nicht an Bankfinanzierung beteiligt sind und der momentan bei 40 % liegt, sich verdoppeln und den gleichen Verlauf wie in den USA nehmen kann. [27]

Mithin können wir folgern, dass das Problem oft nicht an der Bereitschaft der Banken liegt, sondern auch daran, dass zur Zeit weniger Unternehmen willens oder in der Lage sind sich langfristig an einen Kredit zu binden. Dazu tragen auch die niedrigen Zinsen bei, die anders als erwartet keinen Investitionsaufschwung bewirken konnten. Die mittelständischen Unternehmen, die relativ neu sind und noch keine starke Bonität haben, werden es schwer haben, an Kredite zu kommen, denn durch die verschärfte Regelung und zusätzliche Kosten werden sie ausgeschlossen. Die Lösung für sie besteht freilich in den neuen Alternativen, die der Kapitalmarkt anbietet, nämlich Factoring, Unterstützung durch Mäzene und Leasing, die immer mehr an Beliebtheit und Vertrauen gewinnen. [28]

---

[26] Vgl. Internet-Recherche vom 02.10.2015, http://www.dsgv.de/diagnosemittelstand/ S. 59

[27] Vgl. Frank Schaum: Wandel der Finanzierungsmuster im Mittelstand, in: die Bank 2/2015, S. 6 – 9

[28] Vgl. Müller Stefan, Brackschulze, Friedrich Mayer M.D. a.a.O., S. 195

7. Anhang

Abb. 1 : Ursache für die Erschwernisse der Kreditaufnahme

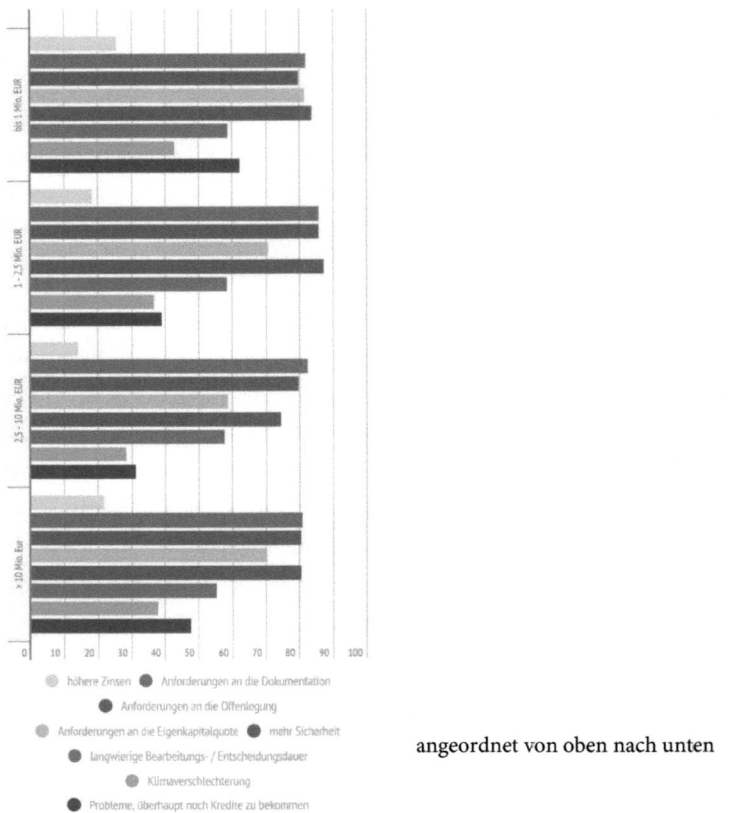

angeordnet von oben nach unten

„Quelle: In Ablehnung vom   https://www.lendico.de/blog/probleme-bei-der-finanzierung-des-mittelstands/

Abb. 2 : Kreditnachfrage Mittelstand

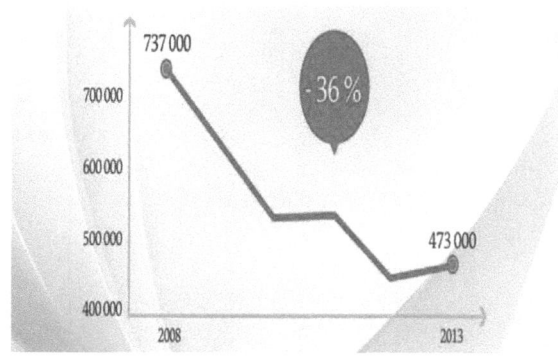

„Quelle: In Anlehnung von http://www.daserste.de/information/wirtschaft-boerse/plusminus/sendung/hr/zinsen-mittelstand-100~_v-standard644_82411b.jpg"

Abb. 3: Diagnose Mittelstand 2015 Kreditfinanzierung vor Kapitalmarkt

„Quelle In Anlehnung an ; http://www.dsgv.de/diagnosemittelstand/"

Abb. 4: Leitzinsen 2005 -2015

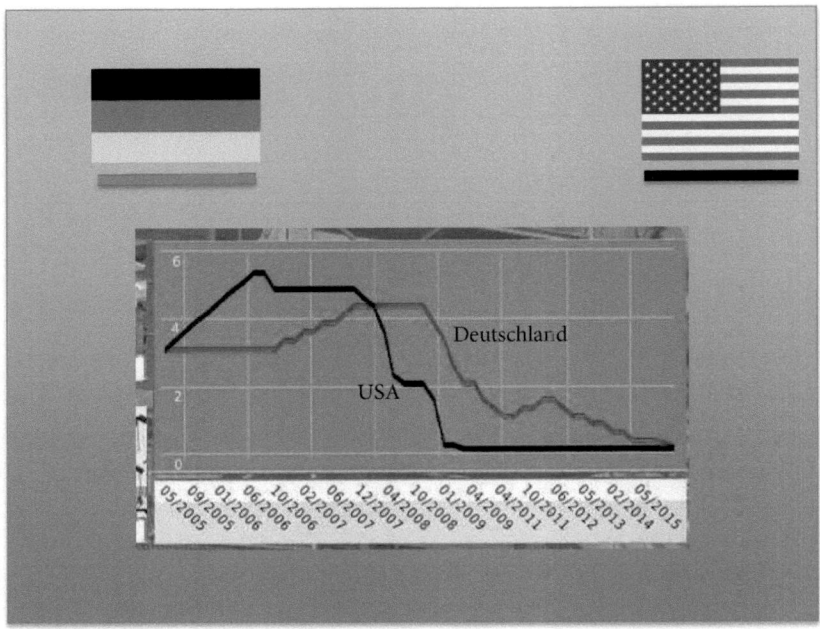

„Quelle: In Anlehnung von; Bauzinen-aktuell.de"

Literaturverzeichnisse

Evers Jan: Kredite für Kleinunternehmen, Frankfurt am Main 2002 , S. 37, 40

Frank Schaum: Wandel der Finanzierungsmuster im Mittelstand, in: die Bank 2/2015, S. 6–9

Haasis Heinrich, Fischer R. Thomas, Simmert B. Diethard: Mittelstand hat Zukunft., Wiesbaden 2007, S. 301

Hanker Peter: Kredit für den Mittelstand, Frankfurt am Main 2007, S. 6

Mangels, Bert: Alternativen zum Bankkredit, in: HK-Magazin - Wirtschaftsnachrichten der IHK Mittlerer Niederrhein 12/03.12.2012, S. 22

Müller Stefan; Brackschulze Kai, Mayer Friedrich M.D.: Finanzierung mittelständischer Unternehmen nach Basel III., München 20011, S. 1

o.A., Mittelstand, in: Rundschau für dem Lebensmittelhandeln 2/ 01.02.2015, S.12

Paul Stephan, Stein Stefan: Rating, Basel II und die Unternehmensfinanzierung., Köln 2002 , S.18

Internetverzeichnis

Datum	Internet Adresse	Tittel/ Thema
02.10.2015	http://blog.gft.com/de/2014/08/27/finanzierung-der-zukunft-peer-to-peer-kredite-gewinnen-an-bedeutung/	Finanzierung der Zukunft? Peer-to-Peer-Kredite gewinnen an Bedeutung
15.10.2015	https://www.lendico.de/blog/probleme-bei-der-finanzierung-des-mittelstands/	Finanzierung des Mittelstands problematisch
16.10.2015	Internet-Recherche http://www.dsgv.de/diagnosemittelstand/	Kreditfinanzierung vor Kapitalmarkt Diagnose Mittelstand 2015
22.10.2015	http://www.deutsche-handwerks-zeitung.de/diagnose-mittelstand-warum-weniger-investiert-wird/150/3093/265071	Diagnose Mittelstand: Warum weniger investiert wird
28.10.2015	https://www.svea.com/de/deu/News-Archiv/fokus-mittelstandsfinanzierung/	Fokus: Mittelstandfinanzierung
01.11.2015	http://www.n-tv.de/wirtschaft/Mittelstand-sorgt-sich-um-Kredite-article10481261.html	Mittelstand sorgt sich um Kredite
04.11.2015	Internet-Recherche vom 04.11.2015, https://www.wiso-net.de/document/VDIN__563560	Der Bankkredit bleibt die wichtigste Finanzierungsquelle